JN440307

낮술은 너무 슬퍼서

안원찬 시집

시인동네 시인선 203

안원찬 시집

낮술은 너무 슬퍼서

시인동네

시인의 말

내 귓속에 뿌리내리고 사는 놈들,
아직 하나도 출가시키지 못했다.
소리를 받아들이는 귀가 도리어 소리를 내지르니
아무래도 치유가 필요할 듯하다.
'출구를 잃어버린 소리들'은 잡음만 생산하고 있다.

내게 시를 쓰는 행위는
제 몸을 입지 못한 소리들을 복원하는 일이다.
오염되고 상처받고 부서진 소리들을 위해
나는 매일매일 출구를 닦아내고 있다.

2023년 5월
옥류산방에서 안원찬

차례

제2부

제3부

제4부

제1부

붓을 갈다

텅 비운 항아리 속에서
언어 하나하나 끄집어내어 몸에 색을 입힌다

이 색채를 저 색채로 저 색채를 이 색채로,
색깔의 매혹에 미칠 때까지 입혔다 벗겼다 한다

수억 개의 붓 꺾어버리고 색깔의 목마름 알 때쯤
나뭇가지가 바람을 흔들듯 흔들어 겹친 색깔 벗겨낸다

음, 속, 몸 빛깔들
들깨 털듯 툭툭 털어 지저깨비 털어내고
톡톡 튀던 알갱이들 안전빛깔 입힌다

천 개의 붓을 간다

피와 살과 뼈를 우린 화엄이다

집

벽면에 선사시대 벽화처럼 그리고 있는 꽃들, 지진 지나간 것처럼 한쪽으로 무너져가는 봉당, 기울기 시작한 주춧돌, 불빛 새는 기둥과 벽 틈새, 삐걱거리는 마루, 탈선하는 미닫이문, 뒤틀린 문짝, 숨 막히는 가스레인지 후드, 녹슨 욕실 환풍기, 온기 잃어가는 보일러, 찢긴 방충망, 각질 일어나는 방범창, 주저앉은 물받이, 이끼와 버섯에 먹히는 처마와 지붕, 피눈물 흘리는 철 대문……

대학병원 담당 의사는 종합검진 결과표를 내게 담담히 건네주었다

경비원

두 장의 꽃잎이 닭 볏 닮았다고 닭의장풀,
닭장 밑에서 잘 자란다고 닭의 밑씻개,
모자 쓴 형상이라 모자 풀이라고 부르는 달개비꽃은
닭장 밑에서 살면서도 하늘색 꽃을 피운다
아침이면 밤새워 마시고 남은 물,
잎 끝으로 내보내 촉촉한 얼굴로 위장한다
달개비꽃은 반나절 피었다가 진다
구경꾼 없어도 열심히 달리다가
새로 핀 꽃에 바통을 넘겨준다

꽃으로 되새김질하며 릴레이 한다

곡기 끓는 날

그녀는 성질이 급하다
물 붓고 누르는 순간 펄펄 지점까지
신음하며 전력 질주하는 단순한 여인이다
100도까지 숨차게 끓어오르는 열정
단순 코스의 스피드 사랑 좋아하지 않는다
사랑 없이는 이렇게 달궈질 수 없다며
함께 온몸 뜨겁게 녹여지길 원한다
95/85/60도로 기다려준다
하루 한번 그녀와 함께하는 버릇이 생겼다
목마른 눈빛 용납하지 않는다
하루 잠시라도 같이 있지 않으면 몸살 난다
어떤 때는 진종일 걸릴 때도 있다
밤에 만나는 것을 싫어하는 그녀는 주로
오전 싱싱 타임을 좋아한다
녹차 국화차 뽕잎차 감잎차 연잎차 쑥차
보이차 솔잎차 등속 우리고 우려진
맛과 향, 입술부터 녹여든다
속옷까지 흠뻑 젖도록 사랑을 확인시켜준다

풀림 없는 매듭의 인연으로 맺어진
그녀와 헤어지는 날은
곡기 끊는 날이다

수행

한 달포,
바람 한 점뿐인 한여름
뱀이 출몰하고 메뚜기 떼의 약탈로
농민들 철퍼덕 주저앉는다
저수지에서 탁본하고 있던 잣나무 수양버드나무
낚싯거루 억새 산 하늘 구름……
혀 길게 뺀 채 시름시름 기어 나온다
둑 위에서 가물가물 마른 이파리 말아 올리며
숨죽여가던 물양지꽃
거북 등가죽 드러내는 저수지 바닥 쪽으로
사력을 다해 기어가고 있다

도피안이다

문턱

텅 빈 봉화산
자식들 죄다 사문(死門) 너머로 출가시키고

바람에 매 맞던 육식(六識)
안으로 불러들여 묵언 중이다

마지막 달력 한 장 눈에 넣고
밀려간 물결의 흔적 헤아린다

덫에서 벗어난 바깥

춘분이다

달맞이꽃은 아침을 두려워하고

오래전, 벌건 대낮
누군가의 눈부신 눈물이었을 겁니다
벌 나비 햇살 끌고 와 바람 넣어도
얼굴만큼은 보여줄 수 없다고 절절 흔들어댈 겁니다
태양이 머리통 지글지글 달궈도
장대비가 사정없이 온몸 후려갈겨도
칭찬하는 바람 욕하는 바람 제멋대로 불어도
무럭무럭 동요되지 않을 겁니다
그저 묵묵히 몸만 지탱하다가
저녁노을 끌어 덮은 겨드랑이에서
노랑나비 같은 노오란 꽃 팍팍 피워댈 겁니다
지나는 구름들에게 방긋방긋 웃기만 할 뿐
외롭다 무섭다 하지 않습니다
그나저나 아픔 없이 피운 꽃이 어디 있겠습니까
꽃이란 또 얼마나 슬픈 벼랑입니까
절망해본 사람은 알 겁니다
두려움 가슴에 안고
잠 꼿꼿이 세운 채 기다리는

노란빛 숨결로 달님과 정겹다가도
날 새면 꼼짝없이 그리움에 묶여버린다는 것을

유대(紐帶)

사랑 없으면
사람 간의 거리 10만 8천 리다

나이 든 먼지 뒤집어쓴 채 거미줄에 묶이어
헛간에 세워져 있던 판자때기
꽃병 올라앉기 무섭게 활짝 웃는다

저물녘 채소밭에 물을 먹인다
상추 고추 쑥갓 아욱 근대 열무 콜라비 비트……
부스스 들고 일어나는

초경 꽃은 붉다

숲, 대화

쏴아, 바람들이 벌떡 일어나 달려간다
실바람 남실바람 산들바람 건들바람의 이름표 달고

숨결 닿는 곳마다 내 눈동자
바람의 속도에 문신 새긴다

낙엽 더미에 부리 묻고 먹이 찾는다
벌레가 동고비 입을 낚는다

잭나이프처럼 화들짝 양탄자 박차며 날아오른다

허공 지우며 날아간다
벌레에게 둥지로 가는 길 묻는다

둥지, 시끄럽다

바람 잦아든다
고요하다

송학정

연봉에서 송학정* 가려면
허공 딛고 뚜벅뚜벅 홍천강을 건너야 한다

거기에는 바람, 빗살, 눈, 그늘, 소리, 먼지, 밤,
벌레, 곤충, 동물, 조류, 낮, 별, 달 그리고 구름발들이
제 맘대로 쉬어가는 정자각이 있다

아침의 강은 햇귀처럼 막 씻은 민낯이고
한낮의 강은 국수 가락처럼 풀어진 낯이고
이른 저녁의 강은 수묵화처럼 고요의 낯이다

물이 강을 돌보고
달빛이 강을 파고든다

신선과 영감이 통하듯 우려내어
양수 없이 꺽꺽 토해내는 푸른 예언들
허공 같은 지면에 시 한 수 흘려 쓰고 지운다

천 개의 하늘에 천 개의 눈동자 풀어놓고
겨울밤처럼 차갑게 껄껄껄 웃는다

---

*강원도 홍천군 북방면 하화계리 무궁화 테마공원 인접.

소우(消憂)

배어 나온 만단수심(萬端愁心) 삭혀질 줄 모른다

나뭇잎처럼 무성하던 삼업(三業)

입으로 튀어 나가고

눈구멍 귓구멍 콧구멍 밑구멍으로 빠져나간다

화엄의 바다다

봄은 방화범이다

몸속에 들어앉아 오들거리던
뼈가 화르륵 빠져나간다
양지쪽에 쭈그려 앉아 수런거리던 바람들
신발 끈 질끈 매고 벌떡 일어나
벼락같이 빠져나간다
동안거에 들었던 녹색 공장들
방화범들의 성화에 소리 없이 열리는 문

분장 없는 연기(演技)로
푸푸 쏟아낸 아날로그 음표들
스프링처럼 통통 튀어 올라
번개 치듯 불붙는 초록 들판
가지마다 북북 찢고 나온 아기들,

저 장대한 해일

바이러스 공동 무덤

수영장에는 형사들이 쫙 깔려 있다
마스터 반은 카리스마 뿜어내는 특공대다

만날 수 있는 슬픔 만날 수 없는 기쁨 뿜어내는
'코로나 19', 감독인가 주연인가

마귀에 씌어 혼란이 온다는 A 무속
거리 두기 필요 없다는 B 목사

텅 빈 거리 소비 실종, 칼바람만 춤춘다

시궁쥐 박쥐 두더지 소탕 명령 특공대 떴다
가면 벗고 다니는 자 체포다

새까맣게 깔린 놈들 여왕개미 잡으면 자동 해체
살충제 투여 바이러스 공동 무덤이다

형사들이 세계를 장악할 것이다

주먹 악수 가위로 잘라버리고 보로 악수하자

푸른 종소리 쿵쾅쿵쾅 즐비하다

녹차

한 생 불심으로 구워낸 이당의 찻잔에
아침 혀가 젖는다

청정한 지리산의 산들바람 입 안에 고요하다
하동에서 제 고집으로 자란 녹차

입 안에서 한 바퀴 굴려야 제맛 나는,
봄빛 깨는 소리 하늘 높다

오늘의 새로운 발상 요동친다
어젯밤 뒤숭숭하던 꿈자리 별자리 되고

삼십 년 넘게 녹차 마셔온 사람은 적막하다
몸이 다관 되어 차 우려내기도 한다

사소한 일의 역사

어느 화분에 실려 왔는지 베란다에 개미 천지다
출몰하는 그들 살충제로 박멸한다

불쑥, 월남 파병했던 K 생각난다
미군 헬기가 뿌려댄 고엽제 흠뻑 뒤집어쓰고
그렁그렁 가래 끓고
압침으로 콕콕 찌르듯 살과 뼛골 쑤셔대는 통증으로
생선가시처럼 비쩍비쩍 마르던 육신
구럭 빠져나온 게처럼
생의 언덕길 숨 질질 흘리며 기어오르던 시간들
삼십 년 지나서야 국가유공자로 인정되었다

하지만, 2세까지 이어진 고엽제 후유증으로 거세된 절망
끝내, 눈꺼풀 걷어 올리고 혀 길게 뺀 채,

박달나무는 그 목줄에 수피 벗겨지고 검붉은 문신 새겼다
나무들의 눈물로 실개천 이루고

퇴고

평상 위에 투두둑 둑,
검은 꽃 피우는 물꽃들의 애환
어쩌랴, 시마를 부를 수밖에

손가락 끝에 접신 되어도
언어는 바로 쏟아지지 않는다

폴더에 대기 중인 녀석들
하나하나 호명
육근에 접목되어 엉켜 있는 놈들의 뼈를 깍는다

복잡한 인생들 대기 라인에 세우고
가벼운 인생들 날이 밝아서야 집으로 돌아간다

다래와 머루 등속 솔바람 타고 와 새벽을 위로한다
그래도, 언어는 손가락 끝에 접신되지 않는다

새벽안개 짙으니

매미는 하릴없이 울어댈 것이고
오늘도 낮은 펄펄 끓을 것이다

그리다

우물 속 달빛 푸르다

실오라기 같은 달빛 베고 잠든 은사시나무

빛줄기 같은 산들바람 스치자

나뭇가지 잠재우던 이파리들 모로 누워 꽃을 피운다

소풍 온 별들 재잘재잘 이야기 한창이고

바람개비 찾아와서 쏙독쏙독 새벽을 울어댄다

여울 거슬러 오르는 피라미 떼의 등 비늘처럼

반짝반짝 어둠 켜던 풀벌레 울음들

낮달 베고 잠들 참이다

제2부

비주류들

질경이는 혁명의 전사다
버려진 땅을 자신의 영토로 개간하는

작고 여린 꽃
어머니의 심장 같다

질경이 닮은 사람들
스스로 길을 내는,
고달프지만 절대 영혼 꺾지 않는,
이 땅의 비주류들이다

오늘도 혁명 중이다
땅 파고 공장 돌리고 자동차 고치고
하수구 뚫고 빵 굽고 밥 짓고
똥 푸고,
그리고 또, 작고 여린 꽃을 피우는
이 땅의 질경이들

시 캐는 농부

잿빛 소음 가득한 도심의 한복판에서
다 된 밥그릇 받아들고 강원도 홍천으로 귀향
겨울 볕 바르고 바람 얌전히 쉬어가는
봉화산 자락에 터 잡은 지 9년

멧돼지처럼 산전과 산비탈에 엎드려
내 살 긁듯 벅벅 긁을 때마다
불쑥불쑥 튀어나오는 건더기들
육근(六根)으로 발기시켜 수박씨 뱉듯 퉤퉤 뱉는다

밤, 대추, 고야, 머루, 두릅, 엄나무……
생에 얽힌 사연들 시마(詩魔)에 걸려
깜깜하게 언 땅 쨍쨍 풀리는 줄도 모르는

삼월이, 불쑥 찾아와 살갑게 달라붙어
일일일야(一日一夜)만이라도 동주하자고 강짜 부리는
네모나고 뾰족하고 맵고 쓰고 시고 짠
놈들, 끌어안은 팔만사천 톤의 감각

육경(六境)으로 버무려 시를 짓는다

문 밖 헛기침 소리 고요에 들고
댓돌에 걸터앉아 푸르게 출렁이는 달빛과 어우러진
그림자들의 맥박 소리로 지지는 된장찌개
보글보글 뿜어내는 시의 향기
쿵쾅쿵쾅 내 심장 뛰듯 바람 박차고
팔라당팔라당 여행을 떠난다

낮

작달비 그치자 곧 물소리 무럭무럭 여물어진다

내 속 뜰도 야무지게 텅 비워진다

햇살 맛있게 비벼 먹던 버들개지 슬렁슬렁 걷기 시작한다

릴레이 하듯 피는 꽃들,

꽃은 향기로운 눈물이다

어느새

무심히 흘려들은 톡톡 소리
포르르 나는 박새 보고서야 알았다
뒤곁에 놓여 있는 상자 속에
둥지 틀고 살아왔다는 것을,

어느새, 라는 말이 머리통 냅다 갈긴다

한순간 쏟아지는 유성처럼
반백 훌쩍 넘은 생,

어두워진 눈구멍
멀어진 귓구멍

찌그러진 구두처럼 걸어온 길 울퉁불퉁하다

검은 비닐봉지 같은

생선가시처럼 앙상한 나뭇가지의 우듬지에 걸려
간들거리고 있는 시꺼먼 비닐봉지를 보라

예쁜 꽃 보듯 유심히 살펴보라

각진 라면의 스크럼 같은 자존심
펄펄 끓는 물속에 잡혀 들면 금세 흐물흐물해진다

우리는 짐승이란 말인가

당신들은 살고,

실업(失業)의 생 눈여겨보라

되새김질하듯 배고픈 시간 야금야금 베어 먹지 않는가
햇살이 그늘을 야금야금 베어 먹듯,

아, 쓸개 같은 삶보다 더 쓴 잿빛의 삶

숨죽인 울음 빽빽하게 들어찬 검은 비닐봉지의 속내
=+3$%$^[*),@$*&&``*y,*&%#&$%#c=

좆도 모를 것이다

그 속엔 주름살도 빼곡하다는 것을

꽃병

꽃다발은 마음의 묶음이다
사랑의 묶음이다
꽃 한 송이 한 송이마다
꽃잎 하나하나마다 마음과 사랑이 담긴
대축제의 향연이다

꽃다발은 소망의 묶음이다
인식(認識)의 묶음이다
꽃다발 받는 순간 여인의 눈매를 보라
이 세상에서 이보다 더 지순하고 고운
자태가 어디 있겠는가

모두가
꽃다발 묶는 손을 찬양하면서도
받는 손을 더 좋아하는 것은
꽃다발 안은 자가 꽃다발이기 때문이다

자연

봉녕사 용화각에 들면
천 년 동안 땅속에 묻혀 있다 살아난
부처가 있다
염화미소는 지워지고 없다

대웅전 뒤편
산신각 터 닦던 중 발견되었다는
석조삼존불,
다시 묵언 수행 중이다

날 찾아오지 마라
향 내음 양초 그을음에
숨 막혀 죽을 지경이다
부질없이 투지레하지 마라
나 이미 자연으로 돌아가는 중이다

저녁 예불 범종 소리 깊다

레이더

시를 쓴다는 것은
허공 디딘 거미가 가늘게 비틀거리다
연골판 찢어지고 머리통 깨지며
방생하듯 날아다니는 일이다

시를 쓴다는 것은
산과 강의 벼랑 끝 그려놓고
갈대, 억새꽃 피워 서걱서걱, 윙윙 소리
만져주고 보여주는 것이다

시를 쓴다는 것은
바위 뚫어 수로 만들고 허공에 채소밭 일구고
이 빠진 톱니바퀴 호흡하듯 가파른 언덕
끄덕끄덕 끌어내리며 넘는 것이다

시를 쓴다는 것은
바람 같은 건더기들 긁어모아
시마로 돌리는 최신형 탐색 고도 레이더이다

그믐밤의 보름달이다

시를 쓴다는 것은
야위어가는 어스름처럼 씨줄 날줄 엮어놓고
들숨 날숨으로 흔들어
무위(無位)한 세계를 더듬어서 만져서 느껴서
화엄의 바다를 여는 것이다

눈뜸이다

생멸치 반갑다

내가 나를 문병한다

계절에 실려 오듯 매년 찾아오는 그녀
아랫녘에서 탁발한다는 소문,
별 없는 그믐밤 칼바람 타고 불쑥 찾아와서
철 묵은 색시처럼 살갑게 달라붙는다
생의 멱살 잡고 저만 챙겨 달라 앙탈 부린다
온몸의 찌든 때 씻어내야 한다며
프라이팬 달구듯 몸 설설 끓게 한다
거북등처럼 입술 쩍쩍 갈라지게 하다가도
별안간 온몸 꽁꽁 얼게 하는 그녀
뼈마디 아근바근 쑤셔대고
근육 동침으로 찌르듯 콕콕 찔러댄다
머릿속 신경 네트워크 비몽사몽, 경전에 들게 한다
색색의 알 한 움큼씩 털어 넣어야 하지만,
그녀도 살자고 하는 짓,
나도 살아있기에 아프다는 것
미치도록 푸른 날 내가 나를 문병한다

나는 물고기다

한때 넓고 넓은 대서양에서 놀다
수족관에 들어와 삼 년째 살고 있다
수인번호라도 단 듯,
거실에 불 나가고 수족관에 밤이 찾아오면 뜬눈으로 지샌다
껌벅껌벅 눈물 밀어내며 창밖을 기웃거린다
남은 거라곤 개뿔, 초조 불안밖에 없다
먹거리 쌓여 있어도 바깥세상 고집에 강대나무 닮아간다
작은 울음들 다닥다닥 붙어 있는 각진 벽
들이받는 주둥이 아물 날 없다
그럴 때마다 수면이 퍼덕퍼덕 요동친다
머릿속 시나브로 비워져 가고 눈앞 아득히 흐려져 간다

구겨진 속도

서울농대 뒷길 으슥한 공터에

속도 하나 구겨져 있다

얼굴 옆구리 일그러지고 머리통 열리고

눈알 튀어나온 잿빛 승용차,

일 년 남짓 지났을까 신발 펑크 나고

오장육부 몽땅 강탈당한 채

골다공증 걸린 뼈대만 앙상하게 남아

소리 없이 붉은 피 흘리고 있다

유모차에 체중 싣고 지나가던 노파

수양버들처럼 축 늘어진 채

잡초의 속도에 반쯤 가려진 고철 덩어리

눈에 넣고 독백을 흘리고 있다

내가 먼저 갔어야 했다고

선(禪)

상강 지나자

광교산 봉녕사 종각 옆에 쌓여 있는 기왓장 밑으로

분주하게 들락거리던 개미들

두문불출이다

팻말, 쉬! 쉬! 하고 있다

무거운 침묵 속 입선인가

가끔 죽비 내리는 소리 고요하다

꺾을 수 없는 꽃

엘리베이터 속으로 불쑥 끼어든 앵두꽃 한 송이

층 표시 버튼 눈에 넣고 움직이지 않는다

5층에서 장대 같은 두 녀석 롤러스케이트 타고 들이닥친다

번개 맞은 그녀의 눈빛,

동공 파고들어 바코드 긁는 순간 장미꽃을 피운다

인연의 매듭지어지면 앵두 알 터트릴 것 같아 계단 타고 비행한다

밤마다 별꽃 피워 초롱초롱 선잠에 취한다

안구건조증 걸린 하늘이 식은 바다를 독경하고 있다

표충등

밤 오면 어떻게 하나
불 끌 수 없는데

벼락같이 돌진하는 너희 얼굴 불안하다

쉴 새 없이
무너지는 소리 내며
그 존재마저 다 타버리고
심연에 주검 즐비해도
고집스럽게
숙명처럼
번개처럼
달려드는 님들이여

나락이냐
극락이냐

이별의 아픔 끝내 삭여주려

오늘도 밤새하는 나

너 그리고 잠 못 드는 세상이여

가을 소리가 온다

3억 년 만에 늙은 가을볕 아래
새롭게 피어나는 쇠뜨기, 헌것 아니다
새 빛깔 새 향기로 새날을 연다
꽃을 가꾸는 것은 즐기기 위한 것이 아니다
꽃을 보는 것은 헌 날을 보내는 것이 아니다
개울물 입맞춤하는 소리
풀벌레 짝짓기하는 소리 늘 들어도 새롭다
무위자연 속, 가을 소리가 온다
쇳가루 같은 서릿발 햇살 비벼 먹는다
생사, 개울 따라 흘러간다
멈춤 없이 이승을 벗어나고 있다
된서리 얻어맞은 고추 할 말 잊었다

어둠의 꽃들

어리석음을 빵으로 알고 사는
두더지들, 온갖 비리 악덕 무럭무럭 키운다
호두알 까듯 그들의 머리통 속 샅샅이 까뒤집는 일은
안락한 꽃을 피워주기 위한 일이다
어둠의 꽃을 빵으로 알고 사는,
개미허리에 검은 벽돌 얹어놓는 그들에게
본래면목의 꽃을 피워줄 일이다
젓갈 따위처럼 곰삭은 망상 죄다 삭제시킬 일이다
고드름에 매달렸던 눈물방울,
제 몸 깨뜨리며 피우는
물꽃, 피자마자 소리 없이 사라질

죽음의 연구

하늘의 초대장 없어도
선심 쓰듯 늘 극적 조명 밝혀놓는다
죽음은 비탄에 신경 쓰지 않는다
단식을 부르며 심장에 쇠말뚝 박는다
연봉 다리 난간에 매달려 발버둥 치다가
손가락 꺾이는 찰라 납덩이처럼 가라앉는다
칼날에 베이지 않는 공허 속에서
유령들과의 싸움 이어지는 황홀경에 빠지고
공포의 슬픔 무럭무럭 쌓인다
벌레들이 들끓는 육신의 고깃덩이
불씨 없는 재로 항아리 채운다

상상역(驛)에서 멎는다

제3부

나는 그가 아프다

80% 시신경 죽었단다
혀 끌끌 차면서
요양 급여 의뢰서에 'H40.10'*이라고 써준다

볼 거 다 봤다면서
모래 종이로 두 눈 문질러 닦는다

차갑게 껄껄 웃는 그를 보는

나는 그가 아프다

---

*저전압녹내장.

다릿발이 삐걱삐걱 웃고 있다

1

으뜸으로 빛나라고 설치한 원찬교(元燦橋)
반백의 밥도 못 먹은 채
낮이면 허공 북북 찢으며 컹컹 짖고 있다
밤이면 소리 없이 꺽꺽 울고,
아직, 상판도 난간도 반질반질한데
두 교각 삐걱삐걱 울고 있다

오음산 중턱 유택 다녀오던 길
까옥까옥 일러주며 가로질러 간 검은 날개
소름 끼치듯 발기시켜 돌려보낸 그림자
별안간 두 다리 멈춰 세웠다

반월상 연골판 파열이란다
핀 박을 수도 용접할 수도 없단다

시커먼 시그널의 세력 점점 드세진다
밤마다 생의 끝을 집요하게 끈적끈적 잡아당긴다

죽은 동생 엄마 아버지 이끌고
서둘러 마중 오려고 한다
작디작은 수의가 날 껴입으려 한다

2
미인 길에 현혹되지 말자
고집 센 계단, 언덕에 얽매이지 말자
양반다리는커녕 쌍놈 다리도 하지 말자
짐쟁이 농사아비 때려치우자
오로지, 비 맞이하듯 혀 빠지게 은륜 타고
죽기 살기로 개구리헤엄이나 치자
전봇대처럼 우두커니 서 있지 말고

새 붙이는 날

다산으로 양푼 엎어놓은 것보다 더 큰 불두덩, 담홍색으로 부풀어 통통해지고, 소리 지르며 암내 풍기는 날이면, 밭갈이 다 논갈이다 만사 제쳐놓고, 쌀 한 말 짊어지고 새 붙이러 가는 날이다 부모가 뒤엉켜 구르는 모습, 어떻게 다른지 궁금해할 머슴애들, 소리 소문 듣고 먼발치 졸졸 따라붙는다

고새 암내 맡았는지 거품 부글부글 끓이며 씩씩거리는 거대한 종모소, 장사 팔뚝보다 너른 음부에 코 박고 쿡쿡거린다

배만 볼록 나온 머슴애들 열나게 싱거웠다고 킥킥거리고, 부엌에서 틈새로 내다보던 계집애 벌겋게 달아오른 얼굴 식힐 줄 모르는데, 아무렇지도 않은 듯 머리 쓰다듬어주는 쥔아줌마, 씨 받느라 애썼다고 고봉으로 퍼준 여물에 입 댈 겨를 없이, 십리 길 쫓기듯 되돌아와 두덩 가라앉기도 전에, 뜨물은커녕 맹물 들이킬 새 없이, 곧바로 밭갈이 품 팔러 보낸다

늙은이는 봉당에 쪼그려 앉아 출산 예정일 꼽고 있고

서울댁

움막 집터에 지은 지 오 년 되었다는 조선집, 눈에 기울어 헐고 새로 지었다, 입구에 터 잡고 뿌리내린 밤나무, 사람 나이로는 족히 육순은 돼 보인다, 이듬해 오른쪽 가지가 싹 틔울 기미가 없다, 도시에서 묻어온 소음과 어둠에 묶인 채 술과 살림하던 그이는, 새집 지은 지 삼 년 못 넘긴 아홉수에 간암으로 졸업했다, 그 후 스크럼 짠 채 장대같이 자라는 초록들의 속도에 무럭무럭 파묻혀 가는 집, 유령들의 쉼터 되어 머리끝이 곤두선다고 밤나무부터 자르기로 한다, 한 달포 지났을까, 오른쪽 편측마비 증세 오고, 고사 밥 먹은 밤나무 넘어가는 순간, 지축을 흔들며 주위의 어둠 죄다 삼켜버렸다

그이와 율녀의 후생 영원한 열반에 들까
힘겹던 삼 년 차 산마루턱 넘으려나
발끝에 차이는 소음 먼지바람까지 순해지려나

밭 갈다 새끼 낳고, 또 밭 갈고

이러흐흐! 저 마라야 슬슬 우기면서 다려
저 숨은 돌에 슬슬 돌 기대지 말고 슬슬 다려
슬슬 다려 아 어디 어디 내려간다 올라서라 올라서!
저 안소야 슬슬 지어스면서 다려*

긴밭들 산비알 밭뙈기 밭갈이가 한창이다

구성지게 몰아치는 목청에 침 질질 흘리다가도
눈 껌벅거리며 잔꾀 부리는 마라소
어허 이놈의 소 이 망할 자식의 소
회초리에 옆구리 배통 불룩해지며 속도 붙는 쟁기질
밭골 잘도 빠져나가는 마라소

쉴 새 없이 쏟아져 나오는 쟁기 밥 휘감는 울음소리
팔려 간 중송아지 찾는 소리인 줄 알고
끔찍이 위하면서도 혹사시키는 쟁기질꾼
게거품 질질 흘리며 반나절 넘긴 마라소의 피눈물
회초리로 속도 내다

터져 나온 양수 보고서야 멍에 벗긴 쟁기질꾼

입 꽉 다문 채 머리통 좌우로 흔들어 앞다리부터 내밀고
맨땅에 새끼 떨어트리고 온몸 핥아주는 마라소
일어서다 쓰러지는 엉덩이
뿔로 받들어 일으켜주는 어미 소 눈치 보며
쟁기질 소리 알아들으라고 냄비 뚜껑 귀에 대고 두드린다

탯줄에 고무신짝 매달아 서둘러 빠져나온 태
마주 씹어 삼키기도 전에 멍에 씌운 쟁기질꾼 무서워
파열로 팅팅 부은 음부 무겁게 매달고
어깃어깃거리며 쟁기 끄는 골 따라
뒤따르는 송아지 발로 자꾸 걷어차는 어미 소

---

*〈우리의 소리를 찾아서〉, 「홍천 밭 가는 소리」 일부.

봄이다

똥 중에 가장 좋다는 닭똥 한 포대 얻어왔다

꽃망울 너머 오월의 향기로 발기시킬 닭똥

흙과 뒤섞다 문득 생각나는 건
코밑수염 검어지고 바짓단 쑥쑥 짧아지라고
오만 가지 거두어 먹이던 어머니

자취 감추었던 초록 무럭무럭 번진다

작은 산이 큰 산을 업고 가는

봄나물

홍천 오일장에 가서

산과 들의 지면 가득 채워 파문 일으키는

흑갈적등황록청자회백 등속의 신작들

시선(詩選)으로 묶여 난전으로 쏟아져 나오는 신간들

한 보따리 사서 맛있게 읽어야 하겠다

난곡마을

닥지닥지 붙어 눌러앉은 판잣집 산을 이뤄
연탄 손수레 바퀴 하나로 오르내리던 골목길
전봇대 구멍가게 담벼락 판자 대문 화장실까지
알림 쪽지 더덕더덕 붙어 있는 길
곤드레만드레 비틀비틀 시간에 밀리는 가파른 숨결
또박또박 세월 앞지르는 구두 소리 불협화음이어도
저녁마다 불빛 새어 나오던 곳

재개발한다는 소리 소문에 붉은 띠 질끈 동여맨
라면 봉지 막걸리통 생리대 뒤섞여 소리치던 곳
문짝들 바람 속에서 너덜거리고
소주병 과자 봉지 널려져 있고
W x Y 하트에 화살 꽂힌 그림
잘난 놈들 좆 까라 개새끼들아……, 낙서 판치고
강한 바람 휘몰아치는 골목길 입구부터
굴착기로 툭툭 칠 때마다
슬레이트 깨지고 벽 허물어지고 문짝 부서지고
서랍장 쪽거울 양은냄비 콘돔 뒤엉켜

뽀얀 먼지 뒤집어쓴 채 나 죽네, 그 소리에
굴착기 잠시 멈칫하던 곳

지금은 20층 아파트 즐비하게 솟아 있고
집마다 실외기 달려 있고 승용차 빼곡하고
유치원, 학원, 체육관 버스 들어오고
상가 단지 초등학교 중학교 있어 숨통 트일 것 같아도
층층이 닭장에 갇혀 사육되듯 살아가는
인사는커녕 이웃이 죽어도 모르는
철거 계고장보다 더 지독한 겨울이려니

채송화

궝*에 아메리카 품종을 파종한다
한 달포, 땅의 껍질 콕콕 쪼아대는 소리 요란하다
좁쌀보다 작은 눈들 빼곡하다
심장 소리 허공 북북 찢으며 무럭무럭 자란다
두꺼비처럼 밤새도록 울어대더니
노랑, 빨강, 분홍색 전깃불 켜졌다

국숫발 같은 장맛비에 죄다 쓰러져 중상이다
용접, 깁스, 꿰맬 수 없다
아픔 뚝뚝 잘라 꾹꾹 꽂아놓는다
실손 보험은커녕 장애 보험도 없다

눈이 아프다

---

*소 먹이통.

별로 태어나

가을빛 저물더니
옛집, 유리창에도 갈대꽃이 피었다

하늘이 턱없이 맑다

붓다는 샛별 보고 깨달았다는데
나의 별은 어떤 것인가

검은 새가 날 부르면
국화꽃 향기 도솔천에 올려 보내고
개밥바라기별로 태어나
햇살보다 더 붉게 태울 것이다

크게 한번 죽고
크게 한번 태어나련다

나목에 춘색(春色) 완연하다

강원도 홍천에서 토종 동백꽃 25년 만에 피다

지리산 동백 다섯 자매
서울, 좁아터진 집구석 비집고 동거하기 시작했다

(귀향 3년 차)

두 자매
햇살, 바람 쉬어가는 텃밭에 흙벽돌 집 짓고 분가시켰다
첫 땅심, 망울 일곱 개 봉곳이 올렸다
내복 바지 티셔츠 잠바 빵모자 마스크 포대기로 무장시켰다
바람막이 둘러치고 콧구멍만 뚫어주었다

겨우내 흔들어대는 극한에 꽁꽁
입탈입망(立脫入忘)*으로 피안의 강을 건넜다

(귀향 7년 차)

세 자매
초음파 검사에 망울 하나 꿈틀거렸다

양수 없이 불쑥 밀려난 핏덩이 홀잎, 화들짝 동공 키웠다
자궁 속에서 25년간 접혀 있었던 주름 그대로 붕어빵이다

푸르도록 늙어 되돌아가는 붉은 눈빛, 나를 아름답게 했다

화엄이다

---

*서 있는 자세로 입적.

헛,

몸살감기라도 걸리고 싶을 때가 있다
연중무휴 레이더 안테나처럼
일상에 지친 몸과 싸우지 않고
마냥 쉬고 싶을 때가 있다
싫어도 싫다 않고 오라면 가고 가라면 가는 몸,
측은하게 생각하며 헛통부 치고
집구석 문고리에 수저 걸어놓고
한 사나흘만이라도 푹 쉬고 싶을 때가 있다
거머리처럼 오지게 달라붙은 그녀와 함께
김치, 하며 기념사진 박고
치즈, 하며 헛 웃어주고

싸움 속의 평화
내가 나를 문병한다

풍경 1

고요가 집이었던 고인

먼 길 되돌아가는 길목,

술과 조객 마주 앉아 시끌벅적하다

고단히 널브러져 엉켜진 신발들

내일의 노동을 위해 돌아가고

배고픈 영가들만 득실거린다

새어 나오는 파란 불빛에 소름 눕고

마른 비 주룩주룩 내린다

팽창된 햇살 먹고 싶다

칼국수 가닥보다 더 굵은 달구비가 지축을 흔들어댄다
김장배추 모종하던 일꾼 십여 명 순식간에 사라진다

마당에는 가재가 엉금엉금 기어 다니고
지렁이들이 뒤집어지며 깔깔댄다
사타구니까지 훤히 들여다보이던 수로에는
붕어 잉어들이 땀 뻘뻘 흘리며 훽훽 채고 올라간다

상근이가 삽 들고 첨벙첨벙 물길 타고 내려온다
우레비 퍼붓는데 어디 가냐
들깨밭으로 들어가는 물길 돌리려 간단다

오자마자 수박씨 뱉듯 툭툭 내뱉는 말
허벅지만 한 붕어 잉어들이 높이뛰기 하고 있다며
포대 하나 달란다

그리고 삼킨 별 죄다 토해내라고 고사 지내달란다
팽창된 햇살 실컷 먹고 싶다는

벼 수수 콩 조 깨 기장 등속의 탄성 들리지 않느냐고,
그러니까
붕어 잉어찜에 막걸리 부어놓고 절하면 되는 거지

즐거운 뮤직 박스

중음신처럼 떠돌던 때가 있었다, 달빛 같은 침묵 속에서, 꽃밭과 가시밭 넘나드는 꿈만 꾸다가, 22일 만에 회귀하였다, 백약과 치성으로 8개월 20일 만에, 피눈물 흘리는 철문 박차고 나왔다, 과거가 사라지고 술에 취한 듯, 만산한 몰골로 온종일 모은 폐지, 보리쌀 반 됫박, 배 볼록한 왕거미가 부러웠다, 하루살이처럼 표충등으로 돌진하고 싶은 충동, 그늘 야금야금 먹어치우는 햇살 잘라버리고 싶었다

그래도 하루 세 번 태엽을 감는다

넙치

칼침 맞는 꿈을 꾸었어요
사색(死色)이 된 몸 도마에 눕혀놓고
머리통을 냅다 갈겨요
팔다리 툭툭 쳐내고
뱃가죽 푹 쑤셔 내리긋고
뼈 피해 살살 눕혀가며
속살 남김없이 발라낸다
접시 위에 머리통째 깔아놓고 한마디 하란다
찌그러진 이목구비 바깥출입은커녕 바다만 업고 살았다고
빵인 듯 스트레스 질겅질겅 씹어 먹으며 살았다고
파렴치한 경전에 잡혀 왔다고
무기계약직이었다고
사형감 아니었다고
탁탁 튀는 시커먼 욕설
수박씨 뱉듯 퉤퉤 내뱉는다

물고기 노동자

눈물로 사는 까닭은 무엇일까
수족관에 감금된 어족들
벌름벌름 연방 웃어 평화스러워 보여도
수박씨 뱉듯 상형문자 퉤퉤 내뱉는 그들의 속 빛깔
왕바람에 휘감기고 있다는 것

붉은 띠 불끈 졸라매고 벽 쿵쿵 들이받아 보지만
주둥이만 문드러진 채 단식 중이다

머리통 커지고 몸뚱이 홀쭉해지는 그들은
수인이다
잿빛 수의 입고 있다
밖을 내다보지 못한다
담을 넘지 못한다
오너 드라마의 주인공이다

죽어서도 눈을 감지 못하는 그들은
쫓고 쫓기던 생 돌아보고 싶은 것일까

혈육 보고 싶은 것일까
저 생의 문턱이 두려운 것일까
투쟁 중이다

포승줄에 묶여 자유롭지 못한 수족
유영 멈출 때까지 게거품 뿜어내며 꺼이꺼이 울어도
넘치지 않는 수면 북북 찢어대는 함성
그 누가 그들의 방백 들어줄 것인가
싹쓸바람에도 쌩쌩하게 살아 있을 동공 속의

그 한(限)

달마중

박새가 쏙독쏙독 울어대던 새벽까지

옥류산방 앞뜰 반석 깔고 앉아 달마중한다

허공 베고 코 골던 층층나무 한 줄기 실바람 소리에

잎새들 돌아누워 남실남실 달마중한다

여울 거슬러 오르는 버들치 떼의 등 비늘처럼

반짝반짝 어둠 켜는 풀벌레 울음도 달마중한다

어둠 무럭무럭 자라는 별 없는 그믐밤

달빛에 시 한 편 목매달고 연애 중이다

제4부

낮술은 너무 슬퍼서

목화송이 같은 미소 무럭무럭 쏟아붓는,

고양이가 번개 치듯 눈송이 잡으려
소리 없이 버럭 눈 찢게 하는,

거기에다 오똘랑오똘랑 허공 찢어대는
누렁이에게 하이얀 숄 포근히 감싸주는,

산수유꽃 불두덩에도 살포시 내려앉아
새하얗게 웃어주는,

모닥불로 뛰어들어 장렬하게 전사하는,

봄과 봄의 반 뼘
사이에서

낮술은 너무 슬프다

고인돌

강화도 하점면에는

청동기시대에 만들었다는 밥상 형상의 무덤이 있다

수천 년 흘렀어도

상다리며 상판 하나 상한 곳 없다

무게 천 톤이나 되고

백 명 둘러앉아도 넉넉히 남을 크기의 밥상

저세상 가면

아내와 함께 사용할 겸상이다

아는가

귀가 발기한다

산속 스님도 수도승
서울 스님도 수도승

물거품, 아지랑이 같다
물속에 비친 달, 뜬구름 같다

땡중
돌중
흉볼 일 아니다
마음공부

샬롬

고양이 눈빛 뜨겁다

쥐새끼들 천국인 곳간
아기 울음소리 사라지며 기울기 시작했다
잡초들 밥 짓느라 아우성친다

겨우내 틀어박혀 있던 늙은 여자
훈훈한 바람 찾아오면
시름없이 봉당에 나앉는다

불쑥불쑥 치솟는 아린 기억들, 눈물 꽃 터트린다
양푼 서로 당기며 투정 부리던 새끼들
누구 하나 들여다보지 않는다

사타구니 파고드는 건 고양이뿐
살갑게 대하다가도
울컥, 불꽃 튀기며 밀쳐버린다

고양이 눈빛 뜨겁다

애기집 들어내고부터

아이 한번 낳지 못한 그녀가 만든 음식은

매운맛이 특성, 처음부터 그렇지 않았다

휴가철이면 줄 선 구름들 사투리까지 왁자그르르하다

국수 가락 같은 시뻘건 땀 실컷 쏟고 일어선다

수양버들처럼 축 늘어져 파리하던 그녀, 분주해졌다

안은 누추해도 밖은 두 배로 넓혔다

매운맛이 그녀의 눈물이라는 걸 아무도 모른다

웃어야 할지 울어야 할지 애매한 심정에 사로잡혀 있다

불티나게 좋은 것은 치료법이 없다

콘크리트 속에서

콘크리트 숲속에서 마음의 벽 쌓고 사는 사람들

징 박은 말굽, 현을 마구 — 짓밟아댈
때 채찍질 당하는 고성 마구 — 질러댈
때 피아노 건반 위에서 마구 — 달리기할
때 세간들 비행하다 마구 — 추락할
때 말과 말, 벽 타고 마구 — 내려온다고 호소할
때 동공 없는 눈구멍 화들짝 열고
송곳처럼 쳐다보는 쓸개 같은 위층 계집애와 묶여 있는
엘리베이터 속은 침묵의 구역이다
풍요로움 참혹함 구별 없이 말없이 지내는,
마음의 벽과 벽으로 구분된,
시대의 동거인에서 말없이 녹슨 채 사는,
말과 말에 묶인 채 소리 없이 컹컹 짖어대는
콘크리트 속은 각별한 구역이다

우주 카메라에 자동으로 찍히는 생의 기록들
마음속 생각까지 CCTV에 고스란히 남는다

이웃이 두려워진 건
그들이 담장 옆의 완벽한 타인이기 때문이다*

* 김지수의 『도시의 사생활』에서 차용.

국제파 잡초

북미가 고향인 새포아풀*
평지의 길가나 잔디밭에서 흔하게 발견되는
잡초, 세계가 비좁다고 투덜거린다
왕가뭄에도 구둣발에 짓밟혀도
제초제 흠뻑 뒤집어써도 퉤퉤 하고 마는
기세등등한 독종,
햇살이 야금야금 그늘 베어 먹듯 잔디밭 점령한다
어디서든 잔디 깎기의 높낮이에 맞춰 이삭 피운다
글로벌 비즈니스맨 되려면
그들을 닮아야 한다

하늘에 낙타 한 마리 터덕터덕 걷고 있다
바다에 조각달 가물가물 떠가고

---

* 볏과에 속하며 잔디처럼 생긴 풀.

강낭콩, 깍지

흙을 밥, 이부자리로 알고 사는
생, 어떤 이는 일곱 낳고
무럭무럭 키워 서리 맞혀 내보내고
속 텅 비운 채 눈감고 갔지만,
제구실 못하는 자식 여섯 둔 이는
문밖출입은커녕 옹이 같은 상처 감싸 안고
할미꽃처럼 고개 한번 쳐들지 못하고
마른 눈물 흘리다 눈뜬 채

졸업했다

원주 세브란스 기독병원에서

다 벗어던지고 누우란
다 피안의 강 건너는 일 쉬운 일 아니란
다 목 받치고 사지육체 빳빳하게 묶는
다 눈꺼풀 끌어다 덮는
다 귓구멍 틀어막는
다 터널 속으로 하염없이 잡혀 들어간
다 비포장도로 씹히는 소리 요란하
다 쇳덩이 씹는 소리 요란하
다 처박는 소리 요란하
다 이 가는 소리 요란하
다 통곡 소리 요란하
다 들숨 날숨 엉키는 소리 요란하
다 가래 끓는 소리 요란하
다 지옥 가는 데 반나절도 안 걸린단
다 천궁 가는 데 몇 억겁 년 걸린단
다 '현고학생부군 신위' 신주 얼굴 굳어진
다 머리통에서 스파크 일어난
다 깜짝 놀란 속도로 빠져나온

다 침묵의 불빛에 눈이 부시
다 죽었던 나를 확인한다

삭제 버튼

서리 맞은 산수유나무
생장의 시절 밥 짓던 광합성
욕망의 담보 잎파랑이 내려놓은 가지마다
붉게 익은 고독 주렁주렁 매달고 있다

여름철에는 콩콩 튀며 떠오르던 둥근달도
서리에 한 방 얻어맞았는가
서쪽 산등성이 빈 나뭇가지에 걸터앉아
시든 꽃망울처럼 시름시름 피어 있다

개망초

고향은 북아메리카 원명은 핑크 플리베인이다
한때 원예용으로 자태를 뽐내던 생이었다
새로운 꽃들에 밀려 몰락한 집의 지붕으로
허허벌판 속으로 유랑의 먼 길 방황하다가
농경지에 뿌리내려 박해를 받기도 했다
땅의 질서 파괴한다고 제초제에 시달려 온 격동의 역사
이주 후 먼 이역에서 악착같이 뿌리내려 살아가는 저들에게서
스탈린 시대 강제 분할의 아픔을 살아야 했던
사할린 교포들의 생을 본다
누가 비난할 수 있으랴
이제 저 꽃은 해마다 초여름이 찾아오면
계절의 풍물 되어 널리 알려질 것이다

거미, 집

명주실보다 가늘고 질기고 신축성 있는 재목 생산하여
특수설계도로 집 짓는다

탁발 다니다가 생포된 목숨 탈출 시도해 보지만
포승에 결박당한 채 튀어나온 눈알만 데굴데굴 울리다가,

특수공법 도입, 씨줄 날줄 얽어 방사상 모양으로 지어진 건축물
매연 먼지 덕지덕지 붙어 있고
대들보, 서까래 부러지고 용마루 내려앉아도
인테리어 보수공사 하지 않는다

바람을 흔들고 바람과 소통 잘되는 작업장
비 오는 날은 입 주리는 날이다

산부인과다
학교다
훈련장이다

연구소다

곳간이다

공양간이다

침실이다

장례식장이다

수많은 영혼의 유택지다

무궁화 테마파크

안개 걷히자
나라꽃들이 기린처럼 사람들을
구경하고 있다

떼 지어 수군거리는 꽃들
하얀 미소 머금고 동공 파고들어
오감을 자극하는 수화
사람들을 호객하고 있다

꽃들이 빚어내는 환상의 하모니 연주
노래하는 분수대
다국적 인파의 발목 놓을 줄 모른다

식은 바다에서 배영을 하고 있다

혼종 문화

유택 앞뜰에서
노랗게 봄을 피워 올린 토종 민들레와 달리
봄여름가을 아무 데서나 꽃을 피워대는
서양 민들레는 머리통 젖무덤 엉덩이가 크다
덩치 커 그런가 씨알도 더럽게 많다
하지만, 씨알이 가벼워서
멀리 날아가 번식하는 능력 탁발하다

토종들은 환하게 웃어본 적 없다

문득,
옛길 그 꽃 필사하고 싶다

길냥이 엄마

주말, 절간에서 차 공양 도우미 고작이었다

국숫발 같은 땀으로 내를 이루며 널브러지는 일상 20여 년
강 건널 충동 깜박 깜박 일어난다는 그녀
'갑상샘항진증'* 확진

두꺼비보다 더 튀어나오는 눈알,
바깥세상 등지고 사는 그녀
이사 간다는 옆집 안면에 바깥바람 쏘일 요량의 억지
길냥이 밥 주는 구역 떠맡는다

10여 년 후 그녀는
녀석들의 털에 봄의 향기 어리던 어느 날부터
눈알 시나브로 들어앉는다
떡잎 같던 살갗 스프링처럼 통통 튀듯 생기가 돈다

풀릴 수 없는 인연이다

탈(頉),
탈(脫)로 회춘이다

싸리나무 기둥*

평생 시(詩)로 빚어진 꿀만 만들다가
덩그러니 나이테만 남기고 선 채로 부처가 되었다
손바닥에 굳은살 박이도록 돌면서 기도하면 천생배필 나타나고
가슴에 굳은살 박이도록 돌면 극락길 열린다는,
벌 나비 파리 지렁이 개미 멧돼지 고라니
참새 박새 뻐꾸기 부엉이 머슴새 바람…… 소리들과 중음신
저승객 신령 줄줄이 찾아와서 돌고 돌아
반질반질하게 치장된 그 앞에 서면
절로 합장하게 하는 아름드리 싸리나무 기둥

---

*공주 마곡사 대웅보전 안에 있는 네 개의 기둥.

종족 번식

카타팔트* 닮은 시스템을 갖춘 괭이밥

씨앗 꼬투리 안에 작은 포탄 가득하다

저 로켓 같은 발사 장치

언제든지 건드리면 수류탄 파편 튀듯

사방팔방으로 튀는 포탄들

그들은 저를 다녀간 신발 바지 깃털에

악착같이 달라붙어 먼 길 떠나기도 한다

너무 끈질겨 징그러운 족속들

---

*활주로 거리를 거의 필요로 하지 않고 수증기 압력으로 전투기를 쏘아 올리는 기술.

살아야겠다

수의로 갈아입고 입실하란다

칠성판에 올라가 눕고 눈꺼풀 끌어다 덮는다
저세상 가는 일 쉽지 않다며,

몸 곧게 펴고 묶는다
틈 틈 틈
받치고 괴고 비기고 귓구멍 틀어막는다

철커덕 막장이다
이승을 씹는 소리 시끌벅적하다

저승이 너무 시끄러워서

함부로
죽지도 못하겠다
살아야겠다

해설

시전(詩田)에서 화엄(華嚴)의 바다로

—안원찬의 시적 지향

백인덕(시인)

1.

살다 보면 그렇게 되어버리는 경우도 생긴다. 왜 아니겠는가? 비급(祕笈)으로 삼았던 최후의 내밀한 의지를 꺼내 휘둘러도 아랑곳하지 않는 상황에 부딪히기도 한다. 주체 혹은 역능(力能)으로서 자기 자신에 대한 믿음과 상관없이 어떤 상황은 자신보다 상위의 존재를 가정하거나 초혼(招魂)이라도 하지 않으면 헤쳐 나가는 것은 고사하고 맞닥뜨리기도 어렵다. 결코, 바란 적도 없이 경계에 몰리거나 부지불식간에 그 근처에 물러서 있게 된다.

이번 시집을 통해 확인하게 되는 안원찬 시인의 이력은 대략 이렇다. 사십 년 도회지의 밥벌이 생활에 마침표를 찍고,

고향 홍천으로 돌아와 봉화산 자락, 헌 집을 고쳐 '옥류산방'이라는 겸손한 당호(堂號)를 붙여 기거한다. 이제 일상은 "멧돼지처럼 산전과 산비탈에 엎드려/내 살 긁듯 벅벅 긁을 때마다/불쑥불쑥 튀어나오는 건더기들/육근(六根)으로 발기시켜 수박씨 뱉듯 퉤퉤 뱉는"(「시 캐는 농부」) 자급자족을 위한 노동과 "밤에 만나는 것을 싫어하는 그녀는 주로/오전 싱싱 타임을 좋아한다/녹차 국화차 뽕잎차 감잎차 연잎차 쑥차/보이차 솔잎차 등속 우리고 우려진/맛과 향, 입술부터 녹여든다/속옷까지 흠뻑 젖도록 사랑을 확인"(「곡기 끊는 날」)하는 정갈한 풍류 도인의 면모가 섞여 있다. 시인은 '시인의 말'에서 치유가 필요한 몸의 상태를 언급하며 "시를 쓰는 행위는/제 몸을 입지 못한 소리들을 복원하는 일이다"라고 밝힌다. 어쩌면 귀향해서 맡게 된 '향토문화연구소장'이라는 직함을 다분히 염두에 둔 발언일 수도 있다. 시작(詩作)은 도회의 상처를 치료하는 행위이자 끊어졌던 고향과의 관계를 복원하는, 아니 태(胎)를 다시 잇대는 과정이기 때문이다.

시인의 면모 중 밖으로 드러난 부분은 앞의 기술과 같다. 이주, 귀향, 경계 등 행위의 일반성을 규정하는 개념들로 충분하다. 시대가 선전하는 '인생 이모작'이라는 바람직한 생애의 전형과도 일견 맞닿아 있다. 하지만 '시인'이라는 존재의 특성을 결정하는 내면의 사태는 겉으로 드러나는 전형성과는 다른 방식으로 형성되고 구체화한다. 안원찬 시인도 마찬가지다.

텅 빈 봉화산
자식들 죄다 사문(死門) 너머로 출가시키고

바람에 매 맞던 육식(六識)
안으로 불러들여 묵언 중이다

마지막 달력 한 장 눈에 넣고
밀려간 물결의 흔적 헤아린다

덫에서 벗어난 바깥

춘분이다

—「문턱」 전문

우선 '문턱'이 눈길을 잡아끈다. 개념상으로는 '경계'지만 실제에 닥쳐서는 '문턱'이다. 존재는 생사의 경계를 사유하지만, 생각으로 생사의 문턱을 넘는 것은 아니다. 따라서 문턱은 이쪽에 있으면서 동시에 저쪽을 바라보는 행위에 정확하게 들어맞는 용어다. 인용 작품은 '봉화산'에서 시인의 현재를 드러내고, '사문(死門), 출가, 육식(六識), 묵언' 등의 어휘를 통해 시인이 취하는 방법(불교적 수행)을 명시하면서 '흔적, 덫, 바깥,

춘분'이라는 시어를 동원해 현실 인식을 형성한다. 나아가 이 모든 배치의 끝에서 통합하면서 초월하는 의미로 '문턱'이라는 표제를 제시한다. 문턱은 경계이면서 통로이고 열어둘 수 있는 만큼 닫아걸 수도 있다. 어찌 보면 이 양가성(兩價性)이야말로 시인의 귀향이 함축한 진짜 세계의 성질이다.

> 한 달포,
> 바람 한 점뿐인 한여름
> 뱀이 출몰하고 메뚜기 떼의 약탈로
> 농민들 철퍼덕 주저앉는다
> 저수지에서 탁본하고 있던 잣나무 수양버드나무
> 낚싯거루 억새 산 하늘 구름……
> 혀 길게 뺀 채 시름시름 기어 나온다
> 둑 위에서 가물가물 마른 이파리 말아 올리며
> 숨죽여가던 물양지꽃
> 거북 등가죽 드러내는 저수지 바닥 쪽으로
> 사력을 다해 기어가고 있다
>
> 도피안이다
>
> —「수행」 전문

시인은 스스로 봉화산 자락 '산전과 산비탈'에서 "밤, 대추,

고야, 머루, 두릅, 엄나무……/생에 얽힌 사연들 시마(詩魔)에 걸려/깜깜하게 언 땅 쨍쨍 풀리는 줄도 모르는”(「시 캐는 농부」) 초짜 농부라고 밝힌다. 아니 ‘시’를 캐기 위한 노동이지 소출을 따지는 농사가 아니라고 할 수도 있다. 아니 이마저도 아니다. 시를 캐기 위한 것도 밤, 대추, 두릅, 엄나무 등속의 생산을 위한 것도 아닌 그 무엇이라 해야 할지도 모른다. 그것은 ‘수행’의 제각기 다른 각도에 비친 상(像)일 뿐이다.

인용 작품에서 가뭄의 한여름, 농민들은 결국 “철퍼덕 주저앉”고 만다. 저수지에선 ‘잣나무 수양버드나무, 낚싯거루, 억새’ 등속이 빠짝 마른 바닥에 제 그림자를 탁본한다. 이 절체절명의 살풍경에서 그러나 시인의 눈길은 “둑 위에서 가물가물 마른 이파리 말아 올리며/숨죽여가던 물양지꽃”에 머문다. 정확하게는 “거북 등가죽 드러내는 저수지 바닥 쪽으로/사력을 다해 기어가”는 모습에서 ‘도피안’을 본다. 사전적으로 도피안(到彼岸)은 “열반(涅槃)에 이르고자 하는 보살의 수행. 태어나고 죽는 현실의 괴로움에서 벗어나 번뇌와 고통이 없는 피안의 세계로 건너간다”라는 뜻이다. 물양지꽃은 생사의 ‘문턱’에서 한여름 폭염을 뚫고 ‘수행’ 중이다. 여기서 물양지꽃은 관조나 공감의 대상이 아니라 시인의 완벽한 객관적 상관물이 된다. 따라서 이번 시집은 ‘문턱’에 닿은 시인의 ‘수행’의 양상이라는 측면에서 이해되어야 한다.

2.

누구나 짐작할 수 있다. 비록 꿰뚫어 파악하지 못한다 해도, 굳이 육식(六識)을 다 동원하지 않아도 세상 이치에 '같고도 다름(不一不異)'이 산재함을 보고 듣고 느낀다. 시작과 수행도 마찬가지다. 다른 모든 이에게 확대할 수는 없지만(물론 그럴 필요도 없지만) 안원찬 시인에게는 적용될 수 있다. 그의 시작이 '도피안'의 정수(精髓)라면 밭을 갈고, 차를 우리고, 꽃을 그리고, 장을 보고, 휘적휘적 내딛는 모든 발걸음은 각기 시작의 밑바탕으로서 수행의 표지가 된다. 물론, 무엇이 어떻게 변용되고 끝내 어떤 형상으로 남겨지는가 하는 문제는 시인의 겨냥 점이 아니다. 과녁은 애초부터 세워진 적이 없고 살이 시위를 떠난 순간 지워지기 마련이기 때문이다. 그래서 시인은 '시마(詩魔)'를 불러 놀다 이내 육근(六根)의 가려움을 털어내고 다시 도피안에 빠져들 수 있다.

평상 위에 투두둑 둑,
검은 꽃 피우는 물꽃들의 애환
어쩌랴, 시마를 부를 수밖에

손가락 끝에 접신 되어도
언어는 바로 쏟아지지 않는다

폴더에 대기 중인 녀석들
하나하나 호명
육근에 접목되어 엉켜 있는 놈들의 뼈를 깍는다

복잡한 인생들 대기 라인에 세우고
가벼운 인생들 날이 밝아서야 집으로 돌아간다

다래와 머루 등속 솔바람 타고 와 새벽을 위로한다
그래도, 언어는 손가락 끝에 접신되지 않는다

새벽안개 짙으니
매미는 하릴없이 울어댈 것이고
오늘도 낮은 펄펄 끓을 것이다

—「퇴고」 전문

일반적으로 '퇴고' 혹은 '추고(推考)'는 글쓰기의 마무리 단계에서 구체화된 글이 원래 목적과 의도와 부합하는지를 따져 묻는 것을 지칭한다. 하지만 시의 경우에는 시인마다 자기 나름의 퇴고 단계와 방법을 갖고 있다. (시인이 그 자체로 우주인 까닭이다.) 안원찬 시인에게 '퇴고'는 시적 계기의 바로 다음, 어쩌면 시작의 출발이라고 볼 수 있다. 왜냐하면, 그에게 있어 시는 '나' 아닌 무수한 계기들이 쓰거나 들려주는 것이기 때문이다.

인용 작품은 앞에 서술한 사정을 잘 보여준다. 1연, "검은 꽃 피우는 물꽃들의 애환"이 시인을 흘러넘쳐 "어쩌랴, 시마를 부를 수밖에" 없는 지경으로 몰아간다. 시마도 '마'고, 귀신도 '신'이라서 시인은 이미 자기를 초월하는 상태가 되었음에도 "손가락 끝에 접신 되어도/언어는 바로 쏟아지지 않는" 곤란에 처하고 만다. 사실 "평상 위에 투두둑 둑" 쏟아진 비(자연)가 이미 시를 써놓았다. 시인은 그저 '퇴고'를 하려는 것인데 시마까지 불러 접신된 상태로 손가락을 움직여도 어쩐 일인지 "언어는 바로 쏟아지지 않는다." 왜일까, 시인은 아직도 "육근에 접목되어 엉켜 있는 놈들의 뼈"를 충분히 의식한다. 즉 이 '퇴고'는 한 편의 시를 완성하기 위한 과정이 아니라 시인이 순차적으로 호명해 나갈 아직은 "육근에 접목되어 엉켜 있는 놈들의 뼈를 깎"겠다는 의지의 선언에 가깝다. 그 절박함은 5연에서 "다래와 머루 등속 솔바람 타고 와 새벽을 위로"해도 "언어는 손가락 끝에 접신되지 않는다"는 데서 잘 드러난다. 문턱에서마저 '묵언'으로 수행할 수 없는 것이 시인의 운명이다. 따라서 시인은 자꾸 문턱의 이쪽을 돌아보게 된다.

질경이는 혁명의 전사다
버려진 땅을 자신의 영토로 개간하는

작고 여린 꽃
어머니의 심장 같다

질경이 닮은 사람들
스스로 길을 내는,
고달프지만 절대 영혼 꺾지 않는,
이 땅의 비주류들이다

오늘도 혁명 중이다
땅 파고 공장 돌리고 자동차 고치고
하수구 뚫고 빵 굽고 밥 짓고
똥 푸고,
그리고 또, 작고 여린 꽃을 피우는
이 땅의 질경이들

—「비주류들」 전문

이쪽과 저쪽을 분간하지 않음(無分別)이야말로 화엄이 비롯하는 지점이겠지만, 시인이라는 역능은 최종적으로 무엇을 지향하기에 앞서 자발적으로 일어나는 연상, 혹은 유추 작용을 결코 멈출 수 없다. 그래서 시인은 어떻게 실려 왔는지 몰라도 베란다에 들끓는 개미에게 살충제를 놓으며 "불쑥, 월남 파병했던 K 생각"을 한다. "2세까지 이어진 고엽제 후유증으로 거세된 절망"(「사소한 일의 역사」)을 떠올리며 '살충제'를 놓는 자신을 성찰한다.

인용 작품에서 시인은 "질경이는 혁명의 전사다"라고 선언한다. 왜냐하면 "버려진 땅을 자신의 영토로 개간하는" 작지만 "어머니의 심장 같"은 열정과 헌신을 가졌기 때문이다. 이어 "질경이를 닮은 사람들", 즉 "이 땅의 비주류들"이 지치지 않는 '혁명의 전사'이고 "땅 파고 공장 돌리고 자동차 고치고/하수구 뚫고 빵 굽고 밥 짓고/똥 푸"면서 오늘도 '혁명 중'임을 선포한다.

이 한 편만 놓고 보면 시인이 말하는 '도피안'이나 '화엄'이 도대체 무슨 의미인지 고개가 갸웃해진다. 도심에서 밥 벌어먹을 때보다 오히려 현실에 더 밀착되었다고 느낄 수도 있다. 그만큼 시인의 현실 인식은 생생하고 아직 날이 서 있다. 하지만 시인이 문턱 근처에 닿아 있음도 역시 자명하다. "한순간 쏟아지는 유성처럼/반백 훌쩍 넘은 생"임을 깨닫고 "어느새, 라는 말이 머리통 냅다 갈긴"(「어느새」) 경험이 그 이면에 눌어붙어 있기 때문이다.

배어 나온 만단수심(萬端愁心) 삭혀질 줄 모른다

나뭇잎처럼 무성하던 삼업(三業)

입으로 튀어 나가고

눈구멍 귓구멍 콧구멍 밑구멍으로 빠져나간다

화엄의 바다다

—「소우(消憂)」 전문

이제 '화엄의 바다'는 어떻게 열리는가, 제목 그대로 '근심을 지우'면 된다. 그 방법도 고집스러운 수행의 양태가 아니라 자연과 닮은 무엇이다. 삭혀질 줄 모르는 온갖 시름(만단수심)과 몸에 '나뭇잎처럼' 치렁치렁 매달았던 '신(身)', '구(口)', '의(意)'가 짓는 업(業)마저 그렇게 놔두면 "입으로 튀어 나가고/ 눈구멍 귓구멍 밑구멍으로 빠져나"가는 것을 '어느새'가 아니라 '이제는' 알고 있다. 드디어 안원찬 시인이 "화엄의 바다다"라고 '할(喝)' 할 때 그의 시작과 수행은 어떤 문턱 근처에서 합쳐진다.

3.

주지의 사실이지만, 지향은 초월(超越)과 포섭(包攝)이라는 두 가지 의미를 동시에 함축한다. 현상을 지지하는 조건

들을 모두 무(無)로 바꿔버린다는 데서 초월적 특성을, 그렇지만 그 무화(無化)의 결과를 변용의 동력으로 삼는다는 점에서 포섭이라는 특성을 갖는다. 가령, 이번 시집에는 "꽃이란 또 얼마나 슬픈 벼랑입니까/절망해본 사람은 알 겁니다/두려움 가슴에 안고/잠 꼿꼿이 세운 채 기다리는/노란빛 숨결로 달님과 정겹다가도/날 새면 꼼짝없이 그리움에 묶여버린다는 것"(「달맞이꽃은 아침을 두려워하고」)이라는 부분에서 지향의 그 특성이 드러난다. '달맞이꽃'이 '슬픈 벼랑'인 까닭은 달이 모습을 드러내는 밤과 모습을 숨기는 낮을 따라 꽃이 분별하는 즉, 꽃이었다가 아니었다가 할 수 있는 존재가 아니라서 달이 숨은 낮에는 꽃이 아닌 듯 '그리움'에 사로잡혀야 한다는 것 때문이다.

안원찬 시인이 수행자로서 어떤 면모와 경지에 닿았는지는 '육근(六根)-육경(六境)-육식(六識)'의 바라밀다를 제대로 이해하지 못하는 필자로서는 잘 상상도 되지 않는다. 다만, 「별로 태어나」의 "붓다는 샛별 보고 깨달았다는데/나의 별은 어느 것인가//검은 새가 날 부르면/국화꽃 향기 도솔천에 올려보내고/개밥바라기별로 태어나/햇살보다 더 붉게 태울 것이다//크게 한번 죽고/크게 한번 태어나련다"라는 발원을 보았으니 그 경지, 아니 지향이 예사롭지 않다는 것 정도를 슬쩍 눈치챌 정도일 뿐이다.

시인은 이번 시집에서 가령, 「살아야겠다」, 「원주 세브란스 기독병원에서」, 「나는 그가 아프다」, 「내가 나를 문병한다」 등에서는 어쨌거나 문턱에 닿은 자신의 몸의 '어느새'를 드러내기도 하고, 「서울댁」, 「길냥이 엄마」, 「애기집을 들어내고」 등에서는 고통에 놓였던 타자, 이웃이면서 동시에 우리의 모습이기도 했던 존재에 대한 깊은 이해를 보여준다.

목화송이 같은 미소 무럭무럭 쏟아붓는,

고양이가 번개 치듯 눈송이 잡으려
소리 없이 버럭 눈 찢게 하는,

거기에다 오똘랑오똘랑 허공 찢어대는
누렁이에게 하이얀 솜 포근히 감싸주는,

산수유꽃 불두덩에도 살포시 내려앉아
새하얗게 웃어주는,

모닥불로 뛰어들어 장렬하게 전사하는,

봄과 봄의 반 뼘
사이에서

낮술은 너무 슬프다

—「낮술은 너무 슬퍼서」 전문

시인은 계절의 변화를 살아내면서 관조한다. "덫에서 벗어난 바깥"(「문턱」)은 곧 '춘분'이고, "칼국수 가닥보다 더 굵은 달구비가 지축을 흔들어댄"(「팽창된 햇살 먹고 싶다」) 여름을 지나면, "생사, 개울 따라 흘러간다/멈춤 없이 이승을 벗어나고 있다/된서리 얻어맞은 고추 할 말 잊었다"(「가을 소리가 온다」)는 가을이고, '낮술'을 마주한 "봄과 봄의 반 뼘/사이에서" 화엄을 마주하는 순간이 온다. 시인은 "나이 든 먼지 뒤집어쓴 채 거미줄에 묶이어/헛간에 세워져 있던 판자때기/꽃병 올라앉기 무섭게 활짝 웃는"(「유대(紐帶)」) 모습을 보았기에 굳이 변화를 거부하거나 변용하는 것이 아니라 초월하면서 포섭하고자 한다. 그것이 "봄과 봄의 반 뼘/사이에서" 즉, 아직 봄은 아니지만, 이미 겨울은 확실하게 지나온 그 '문턱'에서 시인이 시작과 수행을 엮고 뒤채는 방식이다. "낮술은 너무 슬프다"라는 마지막 구절이 아직은 시인으로서 더 깊은 연기(緣起)에 연루되겠다는 다짐으로 들리는 것은 '치유'가 필요한 내 귀 탓일까. 안원찬 시인의 슬픔이 깊어지는 만큼 그의 시도, 문턱도 더 한층 깊어질 것이다. 술병 또한 깊어질 것이다.

시인동네 시인선 203

낮술은 너무 슬퍼서

ⓒ 안원찬

초판 1쇄 인쇄 2023년 5월 1일
초판 1쇄 발행 2023년 5월 8일
지은이 안원찬
펴낸이 김석봉
디자인 헤이존
펴낸곳 문학의전당
출판등록 제448-251002012000043호
주소 충북 단양군 적성면 도곡파랑로 178
전화 043-421-1977
전자우편 sbpoem@naver.com

ISBN 979-11-5896-591-4 03810

*이 시집은 2023년 (재)홍천문화재단 창작지원금을 지원받아 제작되었습니다.